JN418961

등대는 뭍을 비추지 않는다

등대는 물을 비추지 않는다

송진호 시집

문학의전당

自 序

갓길 인생을 살아왔다

가난한 자, 배우지 못한 자로 산다는 것은
분명한 한계가 있다는 걸 인식하고
안간힘을 다해 발버둥치며 살아왔으나
늘 먼 길을 돌아가거나
가던 길을 되돌아와야 했다

난 세상의 상류사회가 아닌
서민대중의 보편적 삶을 원했고
그런 삶을 주류사회라고 보았기에
늘 주류사회 진입을 꿈꾸는 망상가로 살아왔다

세상살이는 나의 작은 소망조차 과욕이었다
그래서 눈으로 시를 썼다

차례

1부

2부

3부

4부

1부

나무보다 못한

나무에게 물어보라
길 가는 것도 즐겁지만
가지 않는 사람도 즐겁지 않겠느냐

나무는
제 스스로 소리를 내지 않지만
바람으로 흔들리고
흔들리고 제 목소리를 내고 있다

소슬 바람엔 소슬 소리
편서풍엔 문풍지 소리
온갖 몸짓으로 보여주고 있다

밤이면 더 좋을 숲
그 숲
바람소리를 듣다 보면…

소금불을 놓다

소금 창고 뒷문을 나서자
한때
고인 물이 맑은
소금을 담았을 염전

휘이
휘이이
황금 갈대를 지나온 바람이
차랑
차랑한 소리를 내지만
염전 가득할 간수는 이제 없다

다만
물레 떠난 주인이 버린 삽날만이
소금에 절은 녹슨 잠을 청할 뿐
철 퍽
철 퍽
갈아엎은 소금밭은 잠들지 못한다

별빛 염분을 담아

소금 창고를 태운다
소금불이 수로처럼 번지고
부러진 삽자루 어긋남이 더욱 피폐하다

달 이야기

오늘은 부드럽게 흐르는 개울물 수면 위로
달빛 부딪쳐 반짝거리며 흩어지는 달 이야기에는

꼭 주름 많은 산비탈을 가진 준령한 산이 있고
그 중턱엔 화전민 옥수수 다발이 걸린 흙벽과
손때 가시지 않은 부엌문이 있고

세살거리며 부비는 풀꽃들이 스러져 눕는
부엉이 날갯짓 후드득거릴 때면
호랑이가 물고 간 어린애 신발을
두고 갔다는 달 이야기에는

오늘은 달빛 뒷덜미 낚아채는 신작로를
마늘 한 접 등에 메고
열다섯 해 고향을 떠나는 길엔

동네 어른들 잠들어 계신 솔 숲 사이를
부랑자에게 던지던 돌멩이처럼 지나도
마술사 주둥이 닮은 호롱불 그을음처럼
이리저리 어둑한 곳을 만들며

따라오는 달 이야기에는

꼭 동그랗게 쫑긋거리던 설렘이 있었다

국경 없는 마을

사내가 숯불 앞에 쭈그리고 앉아 초벌구이한 양꼬치를
설 담은 양배추김치, 향신료와 함께 차려내며
어떤 술을 마실 것인가를 묻는다

나는
화덕에 구운 인도식 밀 빵과 카레 향에 이미 취했으며
구이용 양고기 꼬치를 꿰는 아낙의 없어진 손가락에 낀
뭉툭한 반지를 보고 정신을 잃을 지경이라고 했다

사내는
토문강 식탁 위 양고기를 익숙하게 잘라내다가
달러를 세며 소주잔을 기울이다 떠난 이들이 생각날 때마다
문신 한 뜸씩 옆구리나 어깻살에 새겨왔다고 한다.

나는
지하다방으로 중국음식과 술이 배달되고 나서 흘러나오는
헤픈 웃음소리를 들었고 어둑한 전신주 아래 서성이던 여인의
깊은 눈망울에 든 가시철망을 본 적이 있다고 했다

사내는
토문강 천막 위로 내리는 어설픈 비 소리로 말하길
시커멓게 탄 양고기 연기 때문에 눈이 맵다고 한다
국경 없는 마을 원곡동에 친 철조망이 날카롭다고 한다.

그 사무실

그 사무실 낡은 그 컴퓨터 앞에서 클릭하다
새로운 비트 하나를 발견하고선 작은 메일을 옮긴다

연둣빛 수채화를 좋아하는 소년 같은 소년이
까닭 없이 한강 인도교를 비를 맞으며
세상의 한을 모두 걸머진 채로 울면서 걸었던 이후엔
민얼굴로는 세상 밖으로 나간 적이 없었고
오직 흐르는 시냇물만을 그리워하다
허울럭
허울럭
이별의 손을 내밀며 어디론가 종적을 감추었다는 검색 결과

네
뭐라고요
인삼밭에서 주무셨다고요
빚 독촉을 하더라고요
그래서 도망치려고 했다고요

아닙니다
차가운 쇠붙이 느낌이 싫었어요.

그래서 문을 닫았지요.

부탁이에요
이젠 너무 세밀하게 옥죄지 말아주세요
그동안 도와 주셔서 고맙습니다.

저는 달빛이 되어야 할 필요가 있어요
조금은 휴식이 있어야 할 것 같아
검붉은 장미로만 스치겠습니다.

에즈녘에 치워 버리려다 만 그 사무실 고물덩어리는
두려움이 만들어낸 위조된 현실을 덕지덕지 덧바른 채로 울면서
365개의 카테고리 약 65억 개의 사이트 검색 결과라며
계속 하시겠습니까 라고 물었다

등대는 뭍을 비추지 않는다

파도가 없는 내항
파도소리가 들리지 않는다

항해를 마치고 줄지어 하역대기 중인 선박 때문일까
파도를 막아서는 방파제 테트라포트 때문일까

해저 전설 속
지혜롭게 춤추는 백색유골은
성난 파도는 더 큰 파도를 일으키는 법인데
너는 보고도 보지 못하고 듣고도 듣지 못한다 한다.

뭍사람을 바다로 불러들인 장사항
쓸리고 휩쓸린 무수한 이야기 같은 파도가
등대는 뭍을 비추지 않는다고 한다.

헛소리

-하나

내가 죽음에 대하여 말하는 것은
삶과 죽음은 동시에 진행되고 있기 때문에
죽음을 망각하지 않도록 일깨우기 위함이다

헛소리
–두울

존재에 특정한 의미를 부여하고 각인하는 것은 어리석은 일이다
존재 내에서는 다양한 가치와 의미가 끊임없이 생성되고 있어
모든 순간이 새롭기 때문이다

헛소리
–셋

인간의 영혼은 개별적 조건에 반사하고
얻어지는 깨달음을 바탕으로 단계적 진화를 하여
신의 영역에 도달하는 최종목표를 가진다

헛소리
–넷

내 키는 하늘보다 작고
내 마음은 바다보다 좁다

헛소리
-다섯

움직이지 않는 물고기는
맑은 물에서도 눈에 띄지 않으며
흙탕물에 노는 물고기는
크게 뛰어도 보이지 않는다

남여치에서 내소사로 가는 산길

꽃피우고 열매 맺고 낙엽 진다
패찰이 걸린 소태나무 가지를 꺾어 씹었더니
침을 뱉을수록 쓰다

연잎차랑 가득한 월명암 툇마루를 지나다
나는 언제 꽃피우고 열매를 맺을 것인지 묻는데
날 선 바람이 직소폭포를 지나며
빙벽 깨뜨리는 소리를 낸다.

관음봉을 넘으며
잔설바다로 지는 해가 눈부시다고 하자
나이 들수록 뜨는 해를 보라고 한다.

언 땅을 찍으며 내려오는 변산반도 산길
소태를 씹은 침이 참 쓰다.

낙엽으로 쓰는 편지

저 내일 가요
한동안 돌아오지 못할 것 같아요

멀리 가다보면
언 바람에도 구멍 숭숭 뚫린 몸이 되고
바스락 바스락 부서지더라도
입술 질근 깨물고 가려고 해요

혹시 제가 떠난 후에
흐린 하늘과 맞닿은 수평선쯤에서
뚜벅뚜벅 첫눈이 찾아오면
두툼한 옷 한 벌 내주어 주시길 바랍니다.

그는
두려움 없이 세상에 와,
집 떠나면 서러운 일, 반복할
어쩌면 하나도 아프지 않은 잎입니다

운이 좋으면 물들지 않은 그에게
제 소식을 듣게 될지도 모를 일입니다.

*이 편지는 꼭 단풍우체통에 넣어주시기 바랍니다.

내 눈물에 붙은 꽃잎

먼 산을 보았습니다.

언젠가 바람이 전해준 꽃송이가
몇몇 산을 돌아가다
수줍음 떨구어
비가 되었습니다

소란스런 저 꽃송이들
앞서거니 뒤서거니
눅눅한 습지로 떠밀려
속삭이듯 부르다
날카로운 핀
소리 없이 헤집어 들어도
움찔 움찔 가면서 멈추질 않습니다

더 먼 산을 보았습니다

바람 따라 흩뿌리며
몇몇 밤을 적시다
살풋이 날아든 것은

꽃 잎 하 나.
번쩍이는 섬광이더니
이내 우르릉거리며 떠나질 않습니다
언젠가 바람이 전해준 삶의 궤적들
내 눈물에 붙은 꽃잎을 보듬었습니다

때까치

때까치가 울며 찾아드는 방
날마다 먹이가 꽂혀 있다

조금만 더 높은 둥지라면
도망치듯 숨어들지 않을 걸
습기가 눅눅하게 스미는 곳에
날개를 접다가

어머니

제게 빚진 것처럼
날마다 날아오지 마세요
설마
산입에 거미줄치고 죽기야 하겠어요

구석방 폐인마냥 게을러 보이고
아직 날갯짓 서툴러도
잿빛으로 살아가는 중이랍니다

더 이상 먹이를 물어 나르지 마세요

열심히 세상을 산 대가는
죽음으로 보상 받는다고 하지 않으셨나요

엄마.

묵호항에서

여객선에게
울릉도까지 뱃삯을 물었더니
뱃삯입니다
포장마차에 들러
조개구이 한 접시 값을 물어도
조개 값입니다 라고 한다

집으로 가는 배가 있나요
물어보지도 못한 채
하얀 등대처럼 깜빡이고 있는데

하늘은 핑 도는 눈물처럼 겹구름이 그득하고
꼬들꼬들하게 말라가는 고깃배들이
파도를 솜이불마냥 끌어 덮으며
춥지
세상은 추운 거란다 라고 한다.

묵호항은
삯을 알지 못한 이에게
뱃길을 열어주지 않는다고 한다.

2부

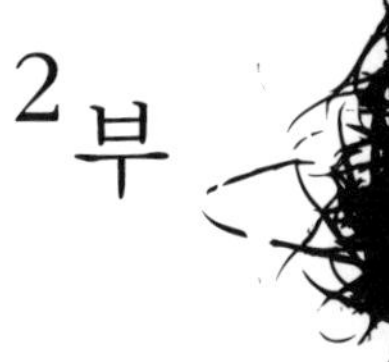

쥐똥나무 아버지

이제야 쥐똥나무를 다 심었다
탈진한 손 내밀어
내 손을 잡고 죽은 아버지

아버지 조경가위를 볼 때마다
43번국도변 쥐똥나무가 내게 이식되고
쥐똥나무를 심던 아버지가 보고 싶어지는데
죽은 사람 얼굴이 잘 떠오르지 않는다

제삿날
사진틀 속은 온통 쥐똥나무
쥐똥나무 세상에서 환한 아버지
엄마 집에 가야
죽은 아버지를 볼 수 있다

문상을 가다

잘못 들어선 고가도로를 달리다
수십 기의 타워 크레인 사이에
뜨는 달을 보다
춤추는 문명의 고철을 보는데
기이한 바람이 스쳤다

동전보다 더 둥근 달은
기다리지 않고 가버렸다고 성난
친구의 얼굴처럼 굳어있고

갈 때 가더라도
말이나 하고 가야지
다그치는 마누라 전화 소리에
내 방의 꽃은
이제 시들었나
갸우뚱거리다가

때로는
먼저 누운 이를 밀치고
내가 드러눕는 생각을 하다

다시 돌아가는데

그 커다랗고
눈물도 없는 달이
힘없이 강물에 떠내려가다
문득
낯익은 길을 비추고 있다

밀렵꾼

나는
덫을 놓아
씨를 말리는 사람이다

표적들이 내 시야를 벗어나도
벌름벌름 킁킁거리며
먹이를 찾아 나서는 길에다
맨몸 미끼로 덫을 놓는다.

돈이란 놈,
놈의 뒷다리가 걸려, 제대로 걸려들어서
내 앞에서 몸부림치는 상상만 해도,
거리에서 허름하게 졸아도 즐겁고
감시원 번들거리는 눈길을 피해 다녀도 즐겁다

사십대 실직자인 모씨는
넥타이로 올무를 만들어 소지한 혐의로 체포되었습니다.
그가 누워있던 가로수 밑둥에서는
햇살이며 낙엽부스러기가 꽝꽝 얼은 상태로 발견되었습니다.

그는 밀렵행각이 낱낱이 드러나자 고개를 숙이고
나 같은 사람이 없는 세상이 되었으면 좋겠다며
돈만 찾는 인간들이 늘어나고 있어
밀렵꾼은 사라지지 않을 거라고 중얼거렸습니다.

요즘은 돈 사냥꾼들까지 밀렵에 혈안이 되어있다고 합니다.
단단히 마음채비하고 흉악한 겨울을 대비하시기 바랍니다.

제부도

그 섬 안에 돌기 바위가
보라꽃 한 송이를 가두고 있다

해변에 비바람보다 먼저 온 사람들이
개펄을 파헤치고 배고픈 바다는
때마침 찾아온 이들을 몽조리 야금거린다

참 이상해요
저 꽃이 어떻게 저곳에 피었죠

내 기억을 열어보면
절벽의 꽃을 따다가 누구에게 준 일이 없다

저 꽃보다 우리가 이곳에 있는 게 더 이상하지 않나요

플로리다에서 온 그녀는
실핏줄 무늬를 두 손에 담으며 웃었다
물보라가 날리는 갯내음의 미소였다

제부도

그 섬 안에 돌기바위가 별을 훔쳐다가
바다와 둘이서 키득거리는지는 아무도 몰랐다.

내 마음속의 풍경

흐린 삶을 살아가는 동안
빛을 잃어 식어버린 태양과 납빛 달을 본 적이 있다

털북숭이 사내는
상처입지 않은 사람은 없다며
가슴 한켠에 숨은 편린을 모아 드로잉하고 있다

제5병동 식구들
평범한 일상이란 물감으로 밑칠을 하고
심연보다 짙은 농도로 덧칠을 하고선

세밀하게 앙칼지고
먹먹하게 아둔하며
시원하게 추운,
그래서 웃는 날들로 일부러 생채기를 내고 있다

그들은 면사포를 쓰고 눈부신 미소를 지으며
캔버스에 은은한 장미향 입맞춤을 하고 있다.

술꽃으로 피다

산기슭 빈 술병
누가 볼까 두려워 풀숲에 숨었다
나를 붉게, 꽃으로 피웠다가
시퍼렇게 질린 꽃으로 다시 피고 있다.

내가
위태로운 생계를 따라 마시고 있을 때
산바람이 잘 소화된 취기를 훔쳐가며
죽음을 잘라 먹는 내 일상을 힐난해도
저,
수북한 술병과 함께 나는 꽃이 되고
지다 꽃피우기를 반복한 산기슭 풀숲.

나는 답례하듯
내장을 비우며 술꽃 멍울 터트린다.

눈으로 쓴 詩

도구가 없다
그렇다고 돈 주고 사서 쓰고 싶지 않다

길을 가는데
개나리 무리가 엉덩이를 툭,
시골 장터 암소 고르듯 친다.

종이가 없어
펄럭이는 바람에,
쓸 도구가 없어 날리는 눈으로…

이렇게 산다

산에 올라 내려다보면 길
오르막길도 평편해 보인다
눈으로 詩를 쓴다.

숲에서 길을 찾다

숲 속, 바람소리
줄지어 나는 잠자리에게
지금 떠나는 중인지 도착하는 중인지 묻는다
잠자리는 나비에게 물어보라 하고
나비는 소나무에게 물어보라 한다

소나무는 굴참나무를 가리키며
조금 더 가서 굴참나무를 만나면 물어보라 하고
굴참나무는 되돌아가서
소나무를 만나볼 수 있으면 알려줄 거라 한다

오늘따라 하늘이 흐린 탓인지
숲은 더욱 어두워지고
어디로든 가야 하는데 희미한 빛도 보이지 않고
오가는 바람소리조차
숨 죽이고 바라만 본다

길 잃은 사람에게 길을 알려주지 않고
풀벌레 울음소리마저 들려주지 않는 숲
어디로든 가라, 가라고
떠나가라고

안개는 봉숭아를 물들인다

진안 용대마을에는
밤마다 안개가 찾아와,
손님처럼 오시기에
어서 오시라
편안히 계시다 가시라 했다.

손님 두런대는 기척이 시름 깊은 듯하여
잠자릴 박차고 나가 보았으나
무얼 그리 감추려 했는지
별 있던 자리까지 자욱하더라.

손님 요즘 내왕이 빈번하신 연유를
여쭤 봐도 될까요?
손님
대체 말씀이 없으시군요.
맑은 밤
상쾌한 바람을 맞고 싶습니다.
중얼거리다 눈을 뜨니 아침이더라.

이른 아침 문을 열자

집안 가득 손님 몰려들고
아침식사도 함께 자시는지라
오랜만에 정겹고 살가운 자리였는데
온다 간다 말없이 가버려
황급히 마당으로 달려 나가니
봉숭아 꽃잎이 뽀얗고 붉게 웃더라.

동북해 사람

동북지방을 떠난 그들이
낮을 달려 저물녘에 도착하여
작고 탱글탱글한 웃음으로
김 선생은 오직 목적지만을 생각하였고
임 선생은 내내 잠만 잤다고 하자
옅은 해일이 일었다

그들이 능숙한 솜씨로
닻을 내리고 대낮 같은 등불을 켜자
영문도 모르고 따라온 동북해 바람이
싱싱하게 파닥이며 웅성거린다

파고를 헤치는 그들이
만선 그물을 거둬들이면
그들처럼 정박할 수 없음을 알아차린 나
잠들 수 없는 목적지
동북해 항구로 출항을 서두른다

먼 항구 불빛이 보인 듯하다

늑대 소굴

늑대 굴에 들어서면
늑대가 보름달에 자신을 비치며
울부짖는 냄새가 난다

늑대가 깊은 산 속으로 숨어든 이유를
산 아래 사는 사람들 총질을 피해 달아난 게 아니라
잡혀서 길들여지는 것이 싫어서 도망 간 것이라고 한다.

요즘은 늑대를 쉽게 볼 수 없고
민가 어디에서도 "늑대가 나타났다"는
소식은 들려오지 않는다.

그가 떠났다는 소문은 무성하지만
그는 하늘 가까운 옥탑 방에 살면서
보름밤마다 출몰한다고 한다.

그 방에 들어서면
벼랑 끝에 서서 으르렁거리는
송곳니 냄새가 난다

주천강

산빛 강가
해는 말갛게 콩닥거리는 심장으로 뜨고
민물고기 떼 부산한 사이 운무는 벌써 문턱을 넘고 있다

도시보다 이른 아침 식사를 마치고
수마가 남긴 은빛 모래를 거두는 농부가 하는 말

설봉산에 열 분이 사셨는데
이따금 산에서 내려와
산나물이랑 약재를 강냉이와 감자로 바꿔 가고 그랬는데
이제는 두 분만 남았어

그 말에 첩산을 찾아가는데
산은 길을 내어주지 않고
높은 절벽 앞에 열 마리 나비만 춤을 추고

나비 검은 날개마다
주홍 점 여덟 개와 하얀 점 두 개가 박혀 있다

끊어진 길

석양도 없이 해가 진 첩산 하늘
보이는 빈틈마다 별이 뜬다

낙엽을 찾다

난 낙엽이 필요해
고인 빗물에 잠긴 낙엽 말고
길바닥에 눌러 붙은 낙엽 말고

내 독설에
한 발짝 떠나지 못한 그대
광풍과 폭우를 견딘 세월 때문에
가슴까지 말라 바삭바삭한 당신이
결코 읽히지 않은 문양으로 몸부림치며
새떼구름을 따라간 낙엽이 되었다는 걸

이제 당신을 필요로 한 때
여러 가지 빛깔로 달려오는 낙엽 말고
그대 수수밤낮 얽히고설킨 생각 속
도리질치며 떨치고 버린 낙엽 중
난 구멍 숭숭 뚫린 처연한 낙엽 하나 찾고 있어

김삼수 씨 귀향

세상은 뒤집히지도 않나.

어부 삼수 씨는
멸치배가 뒤집혀 죽을 뻔했다가
잘 박아도 못 박는다는 목수가 되었다.

잘 살아 본 적이 없는 그가
집에 가고 싶다며
녹슨 못대가리 같은 눈물을
일렁이는 소주잔에 툭 떨군다.

헤진 가방을 잡혀놓은 집
파도가 사나운 그 여관을
삼수 씨는 고향집이라고 말한다.

집에 가고 싶다고 한다.

저, 버스

오동도를 지나며
동백꽃 무리를 실은 버스가
신풍, 하사를 거쳐 순천 차부에
문둥이 옥수수가 찰지다며 부려놓는다
잠이 덜 깬 동백 향기가 눈을 부빈다

곧 광양, 진상 옥구를 거쳐 섬진강 가
재첩 속살 같은 다압 마을에 이를 때면
종일 따라다니던 눈발도 잠시 쉬고
버스 틈에 끼여 있던 동전 한 개가
도르르 굴러 따라 내린다.

순천 차부로 돌아오는 길엔
싱싱한 문저리 몇 마리와 꼬막바구니를 내려놓고
이내 동산을 거쳐 괴목, 구례,
산동면을 지나 남원까지 짱뚱어처럼 가다가

꼭 화엄사 고로쇠 물길 같은
산동재를 넘을 때면
지나는 버스마다 흔드는 저 산기슭 같은 손,

꽁꽁 언 손길이
숨 꺼질 듯 티글거리는 버스 보니트 위에서 녹는다
냉기 가시지 않은 봄바람이 울컥거린다.

나,
지나는 버스를 볼 때마다
울컥 울컥
숨이 꺼질 듯하다.

황소가 풀꽃과 입 맞추다

나는 상처에 둔중한 황소
너는 사랑에 여린 풀꽃
입맞춤을 하였다

이후
꽃을 뜯긴 풀은
너는 누구인가 라고
끊임없이 고개를 저으며 묻고
그럴수록 풀물이 물씬물씬 배어
예리한 풀빛으로 물들며 짙어가고

꽃을 삼킨 황소는
느린 몸짓으로 끙끙 돌아누우며
풀꽃 향기를 꾸역꾸역 되새김질한다

거세된 육우는 사랑할 수 없다

풀꽃보다 황급히 일어서고
풀꽃보다 쉽게 스러진다.
마른 혀로 풀꽃을 핥는 아침마다.

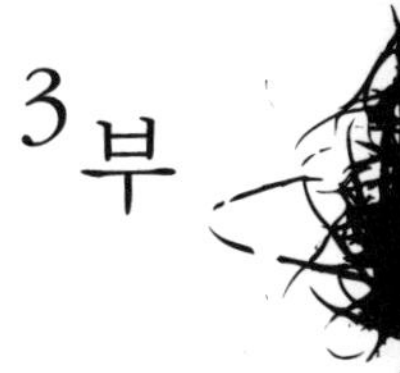

3부

박명 시간

해가 지고
별이 보이기 전

문짝 없는
문설주에 기대어 보면
부대끼며 넘나들었을 경계

엷은 노을
궁핍한 별빛 사이
뒤틀린 삶 적막이 감돌고
문득 해진 못자국만 남기고 떠난
문짝의 행방이 궁금한데

오늘 밤
문짝만큼 보이는 하늘에
문설주에 박힌 못자국 별들이
무수히 뜰 것이다

가로수
―벙어리

그냥 편하게 형이라 부르는 사람에게
이렇게 말했다
형보다 더 오래 살 수 없을지도 모른다
그래서 하고 싶은 일을 하겠다고

해서는 안 될 말을 하고선
말이 말로서
정말 그렇게 될 수도 있다는 막급한 후회와 두려움이
깨진 창문에 들이치는 차가운 비바람 되어
관자놀이를 슬쩍 베고 간다

예
아니오
중간지대는
침묵이라는데…

가로수야
난 말이 너무 많은 벙어리일까
한마디 말 없는 너를 보는데 눈물이 나지

풀향

산 풀에 내리는 비는
다습한 산풀향을 냅니다

마른 풀 위에 내리는 햇살은
잘 말린 마른 풀향을 냅니다

풀향이
멀고도 가까운
가깝고도 먼 골짜기에서 와
저쪽은 멀고
이쪽이 가깝다고 합니다
아니
이쪽이 멀고
저쪽이 가깝다고 합니다

산 풀에 해가 내리기도 하고
마른풀이 비에 젖기도 하지만
산 풀은 산풀향
마른 풀은 마른 풀향

그냥 그렇길 바랄 뿐입니다

안개비

밤마다 나를 따고 들어오는 저 무서운 놈
오늘은 기어코 만나야지
숨을 죽이고
잔뜩 움츠리고
노려보다가

딸깍

문 여는 소리만으로도
투 툭
팽팽한 눈물은 힘없이 터진다

이게 아닌데,
아닌데

세상 모든 소리 나는 것은 시끄럽고
소리 나지 않는 소리까지 시끄러운 터,
밤마다 문을 열고 들어오는 저, 저놈
누군지 확인도 못하고
스르르 잠이 들고 만다.

어김없이 안개비를 훔쳐간 저 무서운 놈 때문에
쉰 목숨이 쩍쩍 갈라진다.

다시 광화문에서

눈비 내리는 광화문에서 떠난 아내를 생각한다.
부정투표 구로구청에서 뛰어 내리겠다던 동지
여의도 광장을 내달리며 반독재 투쟁을 외치던 동지
명동성당에서 촛불을 켜들고 자유와 평화를 기도하던 아내를 생각한다

시청 앞 바로크 문양의 네온불빛이 화사하고
청계천을 흐르는 물 위로 차가운 바람이 분다
나는 무명의 역사 뒤안길로 물러나는 중
문득 떠난 아내가 그리워지는데
이번 대선에서 지면 광주로 내려가 총 들고 싸우겠다
이번 대선에서 지면 이 한 몸 조국의 민주화를 위해 기꺼이 바치겠다는
동지를 추운 광화문에서 20년만에 다시 만났다

대한민국 나의 조국
사랑하는 나의 아내
어둡고 가난한 살림살이를 힘겹게 살아온 나의 동지여

평생을 거짓을 위선으로 살아온 추악한 사람과 권력의 개로

전락한 검찰이
　대명 천지에 국민을 속이고 눈과 귀를 틀어막고 있다
　부패로 얼룩진 썩은 신문 냄새가 자랑스런 조국에 진동하고 있다

　다시 광화문에 선 오늘
　정의는 없는가
　진실은 없는 것일까
　나는 이렇게 부끄러운 나라에서 다시 숨어 살아야 하는가

　대한민국 나의 사랑이여
　나는 어디로 가야 하는가

밀짚모자 대통령

저기 사람이 가네
돼지 저금통을 깨뜨려 만든 사람이 가네

창문 열면 거기 부엉 바위
저를 버려달라던 사람이
삶과 죽음이 자연의 한 조각 아니겠는가 물으며
부엉이 울음 속으로 뛰어들었다

내 오래된 생각은
민주 있냐
자유 있냐
평등 있냐고 묻고 있다

서광이 비추는 하늘 길에서
아무런 대답 없는 이 땅에서
누가 노란 손수건 흔들고 있는가
누가 바보처럼 천진스럽게 웃고 있는가

저기 사람이 가네
우리가 버리고 놓아주어야 할 사람이 가네

사람 사는 세상을 돌아보던
저기 밀짚모자를 쓴 사람이 가네.

이사 가는 날

명치끝 들먹이게 울고 나서
방충망을 생각한다
우그러진 곳 들여다보니
엄마라고 쓰여 있다

해충이 들어오지 못한 망

그 속에 갇힌 하루살이를 버린,
엄마가 간 곳을 모르지만
틀림없이 간 길로 올 거라고 믿으며
방충망에 손톱으로 꾹 눌러 쓴

엄. 마.

딸아이가 저물도록 창밖을 보며
손톱으로 우그러진 길을 내고 있다
어떻게 하나
저 촘촘한 손톱 부스러기를

통진

아저씨
김포 〈우리들병원〉까지 멀어요
여자아이가 묻는다
버스 타고 가야 할 것 같은데

맨발로 뛰쳐나와 논길을 꼭 깨물고 있는 아이의 덫에
나는 걸려든 것이다

아이야
미안하다
너를 두고 무연히 멀어진다

나는 덫에 걸려 죽어가는 들개가 되어
컹컹 짖지도 못하며 가다가
덫을 매단 채 되돌아 왔다

통진 논길
한 맺힌 구조를 가지고 있는 덫
눈동자에 갇혔던 철새는 포르르 날고 있는데

덫을 풀어 줄 그녀가 보이지 않는다

봄빛 장례식장
―염사

안산동 육교 아래
무단 횡단을 하던 젊은 남자가 차에 치여 죽었다

두개골이 함몰된 물컹한 시신을 영구차에 실은 염사는
일회용 비닐장갑을 끼더니 검은 길에서 골수를 줍는다.

영구차 불빛은 흩어진 길을 비춰주고
염사는 한 점이라도 더 봉지에 담는다

지대로 맹그러 보내야
지대로 갔다 온당께

함몰된 얼굴을 잘 복원해
바르게 보내야 바르게 온다고 한다.

그렇게 젊은 시신을 수습하고 나더니
―싱거운 세상―
밤참이라도 맵고 짜게 먹겠다고 한다.

봄빛 장례식장
–빨간 우체통

얼마 전 죽은 그녀의 무덤에
두 딸이 보낸 편지가 배달되었다

엄마 오늘은 학교에서 시험을 보았어요
지난 번보다 성적이 떨어질 것 같아요
미안해요 엄마 –서은이–

엄마 며칠 전에 아빠하고 싸웠어요
아빠는 왜 그러는지 모르겠어요
엄마가 보고 싶어요 –지은이–

소인이 찍히지 않은 편지를
무덤가 빨간 우체통에 다시 넣으면
뒤돌아 내리는 봄비
사랑해 당신

봄빛 장례식장
—문신

장씨는
살아날 희망 없는 아내를 날마다 보러 갔다
48개월간 뇌사 상태 아내를 앞세우던 날
나도 곧 갈 것이니 기다리라고 중얼거렸다.

석 달 후 장씨가 아내를 따라 간 날 밤
돈 없어 문상하기를 포기한 나를 찾아 와
이제야 아내 병이 나았다고
아내와 함께 가는 중이라며 웃는다.

가야지, 가야지, 돈 없어도 가봐야지

마지막 얼굴을 보라고 하여 들어간 염습실
흰 가운 사이 드러난 팔뚝에
복숭아 그림
"I LOVE YOU" 라고 새겨진 문신

늦둥이 아들, 조카, 처제만이 우는 한낮
퉁퉁하게 부은 얼굴로 죽은 장씨보다
문신만 눈가에 자꾸 어른거리고

남의 상가에서는 상주보다 슬피 우는 것이 아니라는데
복숭아 그림
"I LOVE YOU"에 새겨진 사랑이 북받쳐 와
복숭아꽃을 뚝 뚝 떨어뜨리고 있다.

봄빛 장례식장
—예감

할머니가 장례 상담을 하러 왔다
수의는 몇 해 전 윤달에 준비해 두었고
문상객이 적으니 몇 가지 음식만 주문하자며
화장 절차를 물어보고 오동나무 관을 맞췄다.

접견실을 다시 둘러보고
깨끗해서 좋다, 잘 부탁한다.
보름 후에 오겠다고 한다.

운구차가 도착하고
사체를 안치한 상주들이 영정을 들고 온다.
보름 전 할머니 그 환한 얼굴이다.

울고 왔다 웃으며 가는 것이 인생이다
나이 들면 봄기운을 이기기 힘든 법이라던,
그녀의 계약서를 꺼내본다.

봄
그녀에게 미처 묻지 못한 물음이
제단 위에 피어오른다.

제5병동
—아비소리

출근버스를 타지 않는 사내가
진종일 살얼음판 건너듯 서성이고 있다

엄마 찾는 아이 달래는 시늉을 하다
눈 쌓인 가지가 어깨를 다독일 때서야 돌아선다

아이 손 잡아본 지 오래된 날들이
이불을 뒤집어쓰고 실컷 울게 하는데

반 지하 셋방에 흐르는 소리 누가 엿들을까 봐

아무 일 없었듯이 정색을 하면
어디서부터 잘못되었는지 곧잘 잊어버리곤 해

나는 쇳소리 정류장에 묶여있는 사내
이정표 없는 팻말로 서 있는
소. 리.

제5병동
—부부

해질 무렵
황색 선을 따라 걸으며 면도질을 하는 사내를 본다

그가 칼날 없는 면도질을 하는 동안
햇살은 땅 위에 뚝뚝 끊어져 비추고
길은 등 뒤에 매달린 배낭처럼 흔들리고 있다

직장이 생겼으니 돌아오라고
지금 출근하는 중이니 이따가 만나자던 그가
솟구친 길과 다급한 입맞춤을 하다
터럭수염 긴 턱을 추켜올려 하늘을 노려본다

머리에 가랑잎을 꽂고
길바닥에 주저앉은 여자

흐트러진 머리카락 사이 그녀의 눈 속에
젖은 가랑잎에 그득하다 눈물길이 열리고
그녀는 말간 목젖을 떨면서 사내를 부르고 있어

치렁한 옷 사이 보이는 길

길은 성한 곳 없는 그녀의 종아리 같은데
그녀의 흰 허벅지를 본 듯한 나는
그의 시선을 피하며 다른 세상을 본 것이라고 변명을 한다

가랑잎이 카랑카랑한 소리를 내며 부서지는 날

제5병동
—거미

거미가 무덤 깊이보다 더 깊은 오래도록 빈 방
간신히 햇볕이 드는 창틈에 집을 짓고 살았다

혹한기 일감이 없어 집으로 돌아온 사내는
겨우살이를 준비를 하다 거미집을 발견하고
거푸집 허물 듯 걷어내고 창을 밀봉하였다

거미 새끼들
눈 뜬 채 쓰레기통에 매장되었다

독을 품은 거미는
방사형 거미줄로 사내의 심장을 조이며
사내의 동공에 알을 낳는다

사내는 거미 알을 울컥 울컥 토하며 거미를 찾아가다
사방이 즐비한 길 거미무덤 사이에서 깨어난다
쓰레기통 속 거미에게
독을 품고 사는 방법을 혈흔 가득한 동공으로 묻는다

투툭 성에 두터운 창 밀봉한 결집을 뜯어내면 세상은 거미줄

환기되지 않는 삶이 걸린 틈
나보다 죽은 거미를 먼저 보낸다

제5병동
—도피

낡은 공과금 고지서 피할 수 있는 곳
작은 움막 한 채 짓고 살 수 있는 곳
지상에 땅 한 뙈기 있으면 좋겠네

휑한 보름달 뜨는 날
추락하는 무수한 달빛마냥 살았어도
첨단시대 낙오자라는 생각은 없었는데

그대여

난 내 눈으로 나를 보지 못하여
그대의 눈을 빌려 나를 본다고 잠시 피할 것이니
밀린 월세며 단전된 냉골 방의 안부를 전하듯
지상에 땅 한 뙈기조차 욕심내면 아니 된다고
예전같이 낮고 긴 울림, 무수한 말씀으로 흐느끼면 좋겠네

제5병동
–식은 밥 한 덩이

제 꽃송이를 뚝뚝 떨어뜨리고 있는
이팝 꽃을 본다

고픈 배를 움켜쥐는 밤이면
얼굴 없이 날 찾아와
목이 뒤로 꺾인 아이를 들쳐 업고
젖동냥을 하러 가자던 이야기를

녹음 짙은 숲 달빛 따라 떠난
그녀에게 전해야 하는데

이슬녘까지
식은 밥 한 덩이를 마주하다가
흰 옷 사이 웃는 그녀에게 가지도 못하고
제 꽃송이를 흔들며 주저앉아 있다

그리운 로봇

시민 y는 화가이다

모든 예술가들이 그렇듯이 그도 예외는 아니어서 새로운 길을 치열하게 찾다가 그의 삶과 닮은, 행동이 부자연스런 차가운 로봇과 사랑을 갈망하는 유난히 깡마른 늑대를 그리기 시작한다.

그의 작품을 보면 멀고 먼 산을 넘어온 시커먼 까마귀 로봇에게 앙상한 갈비뼈를 드러낸 늑대와의 만남을 주선하는 UFO가 등장하기도 하고, 여우가 높은 빌딩 중간층에서 마치 산중턱인 양 달을 보고 울부짖기도 하며, 그 여우 곁을 스치며 추락하는 놀란 표정 로봇을 볼 수 있다.

그는 세상에서 가장 온전한 삶을 원했으며 그 염원 대용으로 로봇을 그렸고, 그의 불온한 생각은 늑대와 까마귀들을 등장시켜, 생명이 없는 로봇에게 그들의 피와 살을 붙여 그리움과 사랑을 불어 넣으려고 안간힘을 다해 그린 것이다.

시민 y의 아내는 동 트지 않은 하늘에서 내리는 이슬을 맞으며 살아 온 세월이 길다고 투정을 부리다가도, 땅굴 속에 들어가 숨죽이며 웅크리고 있는 늑대그림, 봉긋 솟은 무덤 앞을 철

벗이 지나는 로봇그림을 보며 처연한 미소를 짓고 만다.

*서양화가 故 유재명의 마지막 도록에 수록한 글 :
그는 퍼포먼스를 통해 삶과 죽음을 연출하였으며, 하얀 가면을 쓰고 불을 뿜으며 죽는 역할을 자처하고 늘 죽었다.

보통 사람들은 가면을 쓰는 이유를 세속에 찌든 얼굴을 가리기 위해서 라고 하지만, 그는 느리고 왜곡된 시간과 말벌 집을 훔치는 완벽한 꿈, 그 영혼을 감추기 위해 가면을 쓰고, 그 향기를 그려왔으며, 싯푸른 예술혼을 들키지 않으려고 가면을 쓰고 살아왔다.

이제 그는 세상 갈등과 충돌을 평온하게 바라보고 있다. 게으른 하품을 하며 봉분을 짓고 스스로 묻히려 하고 있다. 꿈과 사랑 없이 살아가는 이들을 치유할 힘, 그의 작품세계는 더 이상 없다.

안개마을

마을이 있다
바다가 고기비늘같이 반짝일수록
안개를 짙게 피워 내는 마을이 있다

안개는
파도를 막아서는 방파제나
마을을 포박한 시름 때문에 생기는 줄 알았는데
그,
이듬해서야
아버지 차를 팔고 나자
나를 두고 수군덕거리는 이가 늘더니
눈물을 군불처럼 피워내도
안개가 일렁인다는 걸 알았다

그에게 다가가면
안개가 사라질까 봐
그가 자꾸만 안개로 보이는 건
내 조바심이 그를 불러내기 때문일까

4부

빵을 먹다

엄마가
식탁 위에 놓고 간 빵
불혹의 나이에
으적으적 씹는 빵

엄마는,
남이 버린 식탁 주워 온 것을 아는 걸까

빵을 으적으적 먹으며
허공에 연신 발길질하는 날
참 맛있고 무거운 빵

빵이 생겨 환장하게 좋은 날.

가설 막사

영흥도 화력 발전소 건설 현장에
임시로 지은 집이 있다

바닷물 빛 지붕 아래
홀아비 냄새나는 방이 여럿 있고
철창문 사이로 걸린 안테나선에
화면을 가리듯 지지직거리는 작업복이 널려 있고
홑이불 몇 채가 오줌 색깔 땀에 절어 있다

또, 하루나 이틀을 견디지 못하고 떠나,
어디론가 가버린 인부가 그리운 베개는
심한 기침을 하며 아무렇게나 뒹굴고 있다.

오래 살 곳이 아니며
오래 베고 덮을 침구가 아니며
오래 잠을 잘 곳이 아닌 집

그 방
대낮 햇살이 벽에 쓴 낙서를 비추고 있다

봉사와 십자매

지리산 화엄사 입구에는
십자매 새 점을 보던
봉사가 있었다

호기심에 장난스런 거짓말을 해대자
십자매는 어김없이 점괘를 물어 왔다

남의 운명을 뒤적거리던
봉사와 십자매는
어느 날 노고단을 집어물고
사라졌다고 한다

평범한 일상이 흐리게 멈출 때쯤
화엄사 입구에 버겁게 서보는 것은
약속과 같은 점괘 때문만은 아니다

존재는 다시 기억해 내기조차 생소한
질감 있는 허상이란 걸 이제야 알았기 때문이다

갓길을 달리다
—퀵 바이크

바이크야
우리 저 고갯길만 넘으면 반월공단 제우스 사거리란다
경동시장 뒷골목 약초 달이는 냄새에 허한 몸을 기대고
협진 사거리를 지나며 피비린내 풍기며 죽을 뻔했지만
외곽도로가에 핀 나리꽃 개망초꽃 향기를 실고 달려왔다

바이크야
우린 장맛비를 맞으며 달리는 동안
비 올 때는 젖은 장갑을 벗어야 손이 부르트지 않는다는 걸 알았고
비를 오래 맞으면 비옷을 입어도 비에 젖고
비도 얼굴에서 오래 흘러내리면 눈물이 된다는 것도 알았다

바이크야
우린 숨 막히는 매연 속을 달리며
여름에도 긴팔 옷을 입고 수건으로 얼굴을 반쯤 가리며
갈증에 타는 것이 대지만이 아니라는 것도 알았고
햇볕에 많이 그을릴수록 속이 덜 탄다는 것도 알았다

바이크야

이젠 중금속이 함유된 구수한 냄새가 풍긴다
우린 굴곡이 심한 길, 무수한 신호등을 믿지 않으며
나의 판단과 너의 성능으로 여기까지 달려온 것이다
우리가 여기까지 온 것, 참 다행스러운 일 아닐까

오 상무를 찾아서

조금재 넘는 산바람이
나뭇잎을 들추며 불고
일몰 붉은 띠구름이 무지개처럼 걸려 있는 이 길
그가 이 길을 갔을까

이곳을 다녀 간 것이 틀림없다
겹겹이 둘러싸인 산들이
아내가 머리를 빗어 넘기는 모양이어서 그렇고
절개지 틈에서 새어나온 눈물이
제 상처를 보이며 흐르는 것이 그렇다

돈 벌러 조금재를 넘어 간 오 상무야
넌 억새풀을 바라보다 떠났다고 들었다

나는 산 밤 몇 톨을 만지작거리며
딸아이가 무척 좋아할 거란 생각을 하다가
그날 너처럼 잠자리를 뒤척이고 있다
너는 도대체 어디로 간 거니

그는 어디로 갔을까

일출

설산으로 지는 달 아래
비스듬히 기적이 울리면
매달려 오르다 처진 가오리연 사이로
노란 풍선이 날아가 폭죽처럼 터지면

저 배를 타야 해요
그래야 살 수 있어요

덜덜덜 떨면서 절벽 위
따뜻한 방주를 가리키는 손길이
설산에 드리운 검은 주름 같아

어떤 소원이 이뤄질까
절벽에서는 하늘을 보는 것이 아니라면서
은모래를 서걱거리는 파도가 대신 눈물을 삼키는데

날마다 홀로
해가 뜨고
달이 풀어진다.

강

강 따라 가는데
강물이 먼저 떠나버리고
뒤쳐진 물소리
결만 남아 있어

물결 따라 가는데
거슬러 오는 이들
피하려 고개 숙이면
눈 안에 가득 차는 물빛

물결 따라 가는데
흐려지는 물빛
떨구지 않으려 고개 들면
하늘 가득 고인 별빛

강 따라가다
별을 보고 싶었는데
별을 보고 싶어
강 따라 가는데

나를 지고 가는 것조차
힘든 결이
흐려진 물빛
가득한 별빛을 흩뿌리고 있다

해당화

가끔 헛것을 보며 살지요
가는 길마다
해당화가 피어 있어
해당화 많이 핀 길을 걸으며 웃지요

해당화를 찬찬히 살펴보면
모래땅에 뿌리를 내리고 살면서도
빠져 허우적거리지 않고
제 몸에 무수한 가시가 박혀 있어도
가시 돋친 한마디 하지 않네요

해당화 꽃이
나에게도 향기가 있느냐고 물으면
부끄러운 솜털처럼 웃어주고
가끔 헛것을 보며 살다보면
헛것이 안 보이면 살 수 없다고 하지요

산을 오르다

벌집 냄새 자욱한 산길
친구가
그만 돌아가자고 한다

산행 시작 후
너무 멀리 와 버린 탓
지나온 길을 되돌아가자는 말이
아득한 출발을 다시 만든다

한적한 소나무 사잇길
친구가
이재 살 것 같다고 한다

산을 오르는 목적은
툭 떨어진 솔방울처럼 굴러
삶에 이르려는 것인데
마무리는 오솔길이었으면 한다고

어슴어슴한 가지 얼기설기한 사이

강원도 여자

방산군 송현리에는
버들강아지 솜털 같은 미소를 짓는 여인이
산삐알에서 걸어 나와 손을 잡고 속삭인다.

산머루 속에는 참젖이 있는데
그걸 먹었거든
그런데 엄마 말씀이
내 옷티에도 참젖이 배일 거래

저 칼바위 위에
병처럼 생긴 수류탄이 있거든
지금은 안 터지지만 언젠가는 터진데

산 넘고 물 건너 찾아간 네게
그을음 범벅 옥수수밥을 해주던 여자
너를 생각하면
옥수수밥알이 입안에서 빙빙 돌고
곤엿을 물고 웃어도
씁쓸한 화기가 가슴속 재로 날려
눈물이 나

개울창 얼음 녹듯 시원한 여자
너는 어디선가 본 듯한 봄
기억은 자꾸만 발목당한 낭구마냥 잘라져 나가고
사랑, 터져버려 파편조차 찾을 수 없는 나를
고철을 찾듯 윙윙거리며 탐지하는 너는.

새 떼 역전

역전에 살았습니다.
기차는 늘 새벽에 들어왔고
새 떼 사람들을
실어 갔습니다.

과일가게 주인은
연방 싱글대는 동생이
기차가 올 때마다 거대 도시로 사람들이 팔려간다고
벌떡 일어나 소리 지른다며 나무랍니다.

변변한 해장국집도
선술집도 없는 그 역전

뿌욱 뿍
저물녘 기차가
순서 없이 새 떼를 날려 보냅니다

한쪽 날개로 아득 바득 세상을
퍼덕거리며 하루 종일 날았지만
죽지 부러져 제자리로 돌아오는 역전에 살았습니다.

철조망 넘어
금강산을 다녀 온 새 떼가 있다고 들은 전설이
참말일까요.

잉어

제가 아버지 나이를 세는 것은
살아 계셨더라면 하는
아쉬움 때문만은 아닙니다

공원묘지 성묘길
저수지를 지날 때마다

저기 니 아부지 낚시하시나 봐라

어머니 농담 섞인 말씀에
두리번거리며 서로 바라보다
어색하게 웃기 때문만은 아닙니다

제가 아버지 나이를 세는 것은
차려 보지도 못한 환갑을 넘기며
뭉클 솟구치는 눈물만도 아닙니다

다만 몇 해 전인가 함께 잡던
커다란 잉어를 놓쳐 버린 일을
되풀이하기 때문입니다

고양이를 만난 골목

고양이가 달빛을 낚아채며
으슥하게 밥그릇을 핥는다.
고양이는 사뿐히 허기를 채우고
보드랍게 그릇 얼룩까지 지우고 있다.

고양이는
젖을 보채는 울음소리로
담장을 넘어간다.

고양이를 마주친 골목에서는
조용히 고양이가 되어야 하는 것을,
빈 그릇 얼룩도 지우지 못난 내가,
목에 걸린 울음가시를 꺼내들고 고양이를 부른다.

난,
위태로운 삶을 날카롭게 넘어 집으로 와,
불러도 오지 않는 고양이보다 달고 맛있게 살았다고
발톱이 닳도록 얼룩을 할퀴며 사나운 밤을 힐끔거린다.

동해에서

동해 새벽에
순결해 보이는 너의 눈을 보았다
사람들은 불이라고도 하고
해돋이에서 해넘이까지의 약속이라고 말하려 애썼지만
순결은 너의 눈을 보고 하는 말

촛대바위 위에서나
백사장에서나
겹으로 밀려드는 두려움 사이
까르르
웃으며
너는 경쾌히 넘나들었다

수십 년의 기억을 버리면서
박수를 치거나 함성을 지를 때는
비어버린 어가의 문고리에서도
마른기침 묻어 난 듯하지만
파도가 이내 삼키어 버리자
사람들은 뿔뿔이 흩어졌다

순수해 보이는 너의 눈을 보았다
사람들은 바닷물고기 눈일 뿐이라고 하고
솟구치는 파도이거나
모래를 핥다간 그리움이라 말하려 하지만
순수는 바다 속 수많은 눈일 거라는 생각을 한다

잡부의 재회

김정광 씨를 똑바로 쳐다보지 못했다

그가
개눈을 박고
바윗돌 주먹을 불끈 쥐어서가 아니다

그는
고희를 바라보는 나이,
현장 경험이 많아서도 아니다

사람은
이렇게 다시 만날 수 있어야 해 하며
내 손을 잡을 때

개눈 같은 정
단단한 옹이가
물집같이 터졌기 때문이다.

봄

봄을 기다리다
봄 구비로 갑니다

한 발
한 걸음씩 가다보면
하마터면 지나칠 꽃술
가난한 꽃술이
빗장을 채우려 듭니다

봄
그 멍든 망울을 가다보면
꽃술이 지나는
마른하늘에
기적이 울리기도 합니다.

| 발문 |

사람의 시

이성목(시인)

1

밥 냄새가 좁은 골목길을 건달처럼 돌아다니는 저녁 무렵이었다. 어둠을 틈타 공장의 담장을 몰래 넘은 폐수가 취객처럼 출렁거리는 천변이었다. 날마다 매연이 탄식처럼 뿜어져 나오는 공단의 음험한 배후에서 그는 발자국의 그림자보다 더 낮아서 가슴 저린 것들을 껴안고 있었다. 그것은 존재하되 가질 수 없는 금기이거나, 부재하는 것을 소망하고 염원하는 기도와도 같은 것이었다. 우리가 알고 있는 '불우不遇' 라는 명사가 그의 이름이었으며, '고난苦難' 이라는 명사 또한 그의 아호였으니 그의 우람한 등에다 감당할 수 없는 큰 짐들을 부리는 세상에 대하여 그가 치열하게 싸웠다는 것을, 그는 오래 침묵했었다.

그런 그가 세상의 길바닥을 넝마처럼 펄럭이며 견디려했던

뼈아픈 기록들을 모아 한 권의 책으로 묶는다. 혹여 책 속에서 길을 잃는 이가 있을까 염려하는 마음으로, 아니면 시인을 잘 아는 한 사람이 시인에 대하여 두런두런 이야기하자는 마음으로 이 시집에 이름을 보태려 한다.

그가 우리 시단에 등단한 지 10년이다. 그 10년의 침묵을 깨고 내는 이 시집의 自序에서 그는 '갓길 인생을 살아왔다' 고 한다. 그러므로 그는 '늘 먼 길을 돌아가거나/가던 길을 되돌아와야 했다' 고 한다. 맞는 말이다. 또한 처음으로 듣는 그의 직설이다. 행간의 예술이라는 시집의 自序에서 이렇게 직설어법을 만날 것이라고 생각지도 못했으니 귀가 얼얼하여 손을 대니 어떤 뜨거움이 손바닥에 가득 전해진다. 그렇지, 그를 만난 10년 세월동안 그가 견뎌낸 비바람을 고스란히 지켜봤으니 어찌하랴. 시 또한 그런 고통 속에서 피워낸 꽃인 것을 어찌하겠는가. 저렇게 토해내지 않고서는 이 한 묶음의 내력을 통째 잊을 수는 없었겠지. 문득 그의 넓고 우람한 등을 쿵쿵 두드려 주고 싶다.

비닐하우스 꽃집에서, 막노동판에서, 정치판에서, 장례식장에서, 호스피스로, 퀵서비스로 그 무거운 삶을 싣고도, 두 손으로는 가난한 사람의 손을 잡고, 배우지 못한 사람의 어깨를 두드리며, 지친 이웃의 삶까지 맞들어 주려는 그가 더욱 우람하고 커 보이는 것은 당연할지 모른다. 자신의 내면을 시가 아닌 이름으로 세상에 드러낸 적 없었으니 우리가 알고 있는 그의 삶은 아주 번듯했고, 우리가 모르는 그의 삶은 힘에 겹고 고달프기 짝이 없었다.

2

말하지만, 그는 참으로 우람한 체구를 가졌다. 그러므로 그는 세상의 등 뒤에 숨지 못한다. 숨어도 버젓이 드러나는 그를,

길을 가는데
개나리 무리가 엉덩이를 툭,
시골 장터 암소 고르듯 친다.

—「눈으로 쓴 시」 부분

연잎차량 가득한 월명암 툇마루를 지나다
나는 언제 꽃피우고 열매를 맺을 것인지 묻는데
날선 바람이 직소폭포를 지나며
빙벽 깨뜨리는 소리를 낸다.

—「남여치에서 내소사로 가는 산길」 부분

가만두지 않는다. 알몸처럼 온전히 드러나는 그에게 세상은 홑겹의 광목천 한 장도 던져주지 않는다. 작은 호의가 아니라면 모르는 척 그냥 두기라도 하였던가. 가만히 길을 가는 그를 툭 치는, 꽃을 묻는데 빙벽 깨뜨리는 소리를 내는 세상의 모습은 더도 덜도 아닌 '깡패' 다. 그의 발화, 그의 싸움은 숙명 같은 것이 아니었을까. 물론 '독재' 니 '민주주의' 니 '해방' 이니 기억조차 까마득해져 버린 80년대를 관통해 오면서, 그 또한 대의를 위해 투쟁했던 순간이 없었던 것은 아니다.

눈비 내리는 광화문에서 떠난 아내를 생각한다.
부정투표 구로구청에서 뛰어 내리겠다던 동지
여의도 광장을 내달리며 반독재 투쟁을 외치던 동지
명동성당에서 촛불을 켜들고 자유와 평화를 기도하던 아내를 생각한다

–「다시 광화문에서」 부분

다만, 지금은 그런 '대의'를 위하여 투쟁했던 '동지 '보다는 ' 아내 '라는 삶의 대명사를 통하여 그의 발화를 지켜보는 것이 그의 진실에 빨리 다가서는 길인 것 같다. 그 ' 대의 '와 ' 투쟁' 의 기록들은 후일 다른 지면을 통하여 밝힐 수 있는 날이 있을 것이므로 접어 두기로 한다.

그는 어디에서 왔는가. 약력에는 '전남 고흥'에서 태어났다고 기록되어 있다. 그 한마디에 몇 마디를 더 보탠다. 그는 직업군인인 아버지의 부임지를 따라 어린 시절부터 강원도 전방지역을 옮겨 다니며 성장했다. 그래서 그는 이른바 '가방끈'이 짧았다. 짧은 가방끈으로 먹고 사는 일조차 힘에 겨웠을 그가 검정고시에 합격하고 대학에 들어가는 일이 그렇게 호락호락 했겠는가. 환경은 언제나 극복의 대상이 아니었던가. 자, 이제 그토록 진력나는 '깡패'들과의 싸움을 구경하러 가보자. 우리는 구경꾼이니 아주 편안한 마음으로 관전하기로 하자.

이제야 쥐똥나무를 다 심었다
탈진한 손 내밀어

내 손을 잡고 죽은 아버지

아버지 조경가위를 볼 때마다
43번국도변 쥐똥나무가 내게 이식되고
쥐똥나무를 심던 아버지가 보고 싶어지는데
죽은 사람 얼굴이 잘 떠오르지 않는다

제삿날
사진틀 속은 온통 쥐똥나무
쥐똥나무 세상에서 환한 아버지
엄마 집에 가야
죽은 아버지를 볼 수 있다

―「쥐똥나무 아버지」 전문

그가 막노동판에서 몸을 소진해가며 밥벌이할 때였을 것이다. 쥐똥나무 조경을 하는 그의 손으로 대물림된 오래된 가난을 보았을 것이다. 그의 기억 속에 아버지는 '가난=쥐똥나무' 그 자체이고, 그 쥐똥나무는 그에게 고스란히 이식되어 있는데, 그런 아버지 '얼굴이 잘 떠오르지 않는다'. 이른바 방어기제防禦機制라는 것이 발동한 것일 테지만, 외면하고 싶은, 주저앉히고 싶은, 버리고 싶은, 그 아버지를 엄마 집에 가야만 영정사진을 통해서라도 볼 수 있게 된다. 그런데 정작 그의 엄마는 옥탑방 아니면 반지하 사글세방으로 먹이를 물어 나르듯 드나든다. 언제나 비극은 어긋나 삐걱거리는 문설주와 문 같은 것이다.

때까치가 울며 찾아드는 방
날마다 먹이가 꽂혀 있다

(중략)

더 이상 먹이를 물어 나르지 마세요
열심히 세상을 산 대가는
죽음으로 보상 받는다고 하지 않으셨나요

엄마.

―「때까치」 부분

딸아이가 저물도록 창밖을 보며
손톱으로 우그러진 길을 내고 있다

―「이사 가는 날」 부분

아, 이런! 가족사의 관전이 마음 편치 않다는 표정이다. 그래. 떠난 '아내'와 '아버지'와 그 빈자리를 노구를 이끌고 견디는 '엄마'가 마음이 편치 않다. 딸아이가 애처롭다. 우리는 구경꾼이므로 굳이 보지 않아도 괜찮다. 그러므로 이제 다시 그 자신의 싸움만을 관전해보자. 이것은 그가 살아온 내력이자 기록일 것이므로. 먼저 죽음조차 따뜻한 〈봄빛 장례식장〉으로 가보자.

할머니가 장례 상담을 하러 왔다
수의는 몇 해 전 윤달에 준비해 두었고
문상객이 적으니 몇 가지 음식만 주문하자며
화장 절차를 물어보고 오동나무 관을 맞췄다.

–「봄빛 장례식장–예감」 부분

봄빛 장례식장에서 그는 수많은 주검과 마주했을 것이다. 그 주검 앞에서 그는 어떤 형태로든 삶을 추슬러 가려고 했을 것이다. '열심히 세상을 산 대가는/죽음으로 보상'(「때까치」 부분)받을 것임을 누구보다도 잘 알고 있었기 때문이다.

죽음, 그 이전에 그는 죽음의 반려자인 '호스피스Hospice'였기도 했다. 그가 호스피스로 봉사했던 제5병동의 시편들은 죽음을 건너는 사람을 가장 사람답게 배웅하는 행위인 동시에 '지상에 땅 한 뙤기조차 욕심내면 아니' 되는 각성의 편린이기도 하다. 그리하여 그의 가난은 거기서 속죄되는가. 지극이 개인적인 판단이지만 속죄되지 않을 것이다. 그렇게 속죄되는 것이 가난이라면 죽음으로 속죄할 수 있는 것이 가난이라면 그가 왜 삶을 피하여 죽음에 가장 가까운 그곳으로 갔겠는가. 왜 그곳에서 다시 삶을 바라보았겠는가.

그대여

난 내 눈으로 나를 보지 못하여
그대의 눈을 빌려 나를 본다고 잠시 피할 것이니

밀린 월세며 단전된 냉골 방의 안부를 전하듯
지상에 땅 한 뙈기조차 욕심내면 아니 된다고
예전같이 낮고 긴 울림, 무수한 말씀으로 흐느끼면 좋겠네

-「제5병동-도피」 부분

엄마 찾는 아이 달래는 시늉을 하다
눈 쌓인 가지가 어깨를 다독일 때서야 돌아선다

-「제5병동-아비소리」 부분

이렇게 그는 죽음이 가장 가까운 곳에서 삶을 바라보고 있었다. 삶의 가까운 근친은 죽음이라는 것, 죽음의 가장 가까운 근친은 또한 삶이라는 것을 말하며 그는 또 어디에 있는가. 시집을 이리저리 건너다니면서 그를 찾아보자.

'영흥도 화력 발전소 건설 현장에/임시로 지은 집이 있다' (「가설막사」 부분) 그 가설 막사에도 있고, '바이크야/우리 저 고갯길만 넘으면 반월공단 제우스 사거리란다' (「갓길을 달리다 – 퀵 바이크」 부분) 중얼거리는 길 위에도 그는 있다. '기차는 늘 새벽에 들어왔고/새 떼 사람들을/실어 갔던' (「새 떼 역전」 부분) 역전에도 살았고, '지하다방으로 중국음식과 술이 배달되' 는 '국경 없는 마을 원곡동' (「국경 없는 마을」 부분)에도 그가 있었다.

그런 그가 몸부림치며 '돈이란 놈,/놈의 뒷다리가 걸려, 제대로 걸려들어서/내 앞에서 몸부림치는 상상만 해도,' (「밀렵

꾼」 부분) 즐거운 고단한 일상에서도 만난다. 그를 찾아 간 곳, 옥탑방이나 반지하 셋방에 들어 살며 스스로 늑대 소굴이라 이름 지은 곳 '늑대 굴에 들어서면/늑대가 보름달에 자신을 비치며/울부짖는 냄새가 난다' (「늑대 소굴」 부분)는 그와의 조우는 이렇듯 고되고 외롭고 어두운 배경을 등에 지고 있다. 그는 이런, 사람이다.

3

다시 말하지만, 그는 참으로 우람한 체구를 가졌다. '우람' 하다는 말은 '뚱뚱' 하다는 것과 다르다. 크고 높다는 말과도 다르다. 우람하다는 말에는 숲과 그늘과 무수히 많은 쉼표들이 있다. 이 '우람' 의 내면에는 여린 촉수들로 가득하다. 민감한 그 촉수들이 바람을 느끼고 빛을 감지한다. 빛과 바람은 촉수에서 뇌로, 뇌에서 가슴으로 옮겨지며 뜨거워진다. 그 뜨거운 감각들이 생생하게 빚어내는 풍경들과 마주하면 그가 어디서 무엇을 혹독하게 겪은 사람이 아닌 듯 따뜻하고 온화한 기운을 느낀다.

그 섬 안에 돌기 바위가
보라꽃 한 송이를 가두고 있다

–「제부도」 부분

산동재를 넘을 때면

지나는 버스마다 흔드는 저 산기슭 같은 손,

—「저, 버스」 부분

바위 속에 피어있는 보라색 꽃 한 송이와 지나는 버스에 손을 흔드는 산기슭이 화선지 위에 번지면서 아름다운 풍경화가 되는 감각. 그를 보지 못해서 하는 말이지만, 참 어울리지 않게 섬세한 감각을 가진, 아니 가진 것이 아니라 각고의 노력으로 만들어낸 그 섬세한 손끝에서는 사물과 사람과 시간이 한꺼번에 아름답게 어우러져 한 편의 꿈 같은 풍경을 연출한다.

이러한 그의 풍경은 이미 존재하는 정경이 아니라 스스로 가슴으로 빚어내는 사람 냄새 풀풀 나는 서정이다. 그러므로 그의 예민한 촉수를 반짝이며 빚어내는 것이 몽상의 저편에 자리잡은 것이 아니라 살아가는 이곳에서 뜨겁게 만나는 것임을 알게 된다.

언젠가 바람이 전해준 꽃송이가
몇몇 산을 돌아가다
수줍음 떨구어
비가 되었습니다

—「내 눈물에 붙은 꽃잎」 부분

바람이 전해준 꽃송이가 마침내 그 수줍음으로 비가 되는 이 아름다운 풍경 뒤에 참으로 순정한 모습으로 빙그레 웃고 있는 그를 보는 일은 어렵지 않다. 그의 넉넉한 마음결은 이 혹한에

절절 끓는 아랫목에 비길 바는 아니지만, 솜이불처럼 푸근하고 따뜻한 흙집 방문을 열고 나오는 인심 좋은 고향 아저씨를 보는 듯 흐뭇하다.

> 뚜벅뚜벅 첫눈이 찾아오면
> 두툼한 옷 한 벌 내주어 주시길 바랍니다.
>
> –「낙엽으로 쓰는 편지」 부분

고통으로 점철된 그의 내면에 이렇게 크고 움푹한 토방이 하나 있다는 것을 본 순간, 아하, 저 우람한 체구가 그저 물리적인 체구만 의미하지 않는다는 것을 알게 된다.

외형적으로 그는 참 재미있는 사람이다. 끈끈하게 의리를 지키는 사람이기도 하다. 사람을 좋아해서 온통 사람들에 둘러싸여 있기도 하다. 가난하면서도 가난에 찌들지 않고, 고통스러우면서 고통에 붙들지 않는다. 적어도 내가 아는 그는 그렇다.

그런 인간성이 대체 이 시집을 읽는 독자들에게 무슨 상관이람! 옳은 말씀이다. 아무 상관없다. 아무 상관없는 일이기 때문에 여러분들은 너무도 편안한 자세로, 아니면 너무도 건방진 자세로, 오징어라도 질겅질겅 씹으며 그를 바라보아도 좋다는 뜻이다.

육신에는 사슬을 철렁거리며, 가슴에는 가녀린 촉수를 거느리며 세상의 갯벌을 건너와 문득 둔치에 올라앉았을 때 지나온 세상에 대하여 무엇을 하고 싶을까. 한바탕 욕을 퍼붓고 싶은 것이 차라리 인간됨이 아닐까. 그것이 해원解冤! 아닐까.

소금 창고 뒷문을 나서자
한때
고인 물이 맑은
소금을 담았을 염전

휘이
휘이이
황금 갈대를 지나온 바람이
차랑
차랑한 소리를 내지만
염전 가득할 간수는 이제 없다

다만
물레 떠난 주인이 버린 삽날만이
소금에 절은 녹슨 잠을 청할 뿐
철 퍽
철 퍽
갈아엎은 소금밭은 잠들지 못한다

별빛 염분을 담아
소금 창고를 태운다
소금불이 수로처럼 번지고

부러진 삽자루 어긋남이 더욱 피폐하다

–「소금불을 놓다」 전문

불을 지르고 오줌을 누고 욕설을 퍼붓는 이 행위의 공통점은 맺힌 것을 풀어헤친다는 것이다. 해원解冤! 삶에 진력이 난 그가 삶으로부터 포박 당한 정신을 어떻게 풀고 나왔는지를 알 수 있게 해주는 대목이 바로 이 시다.

모든 썩어가는 것을 늦추어 주는 소금, 더러운 것을 맑게 해주는 소금을 보관하고 저장하는 그 창고에 불을 질러 소금불이 수로를 따라 벌겋게 타오르는 그 순간, 그가 태워버린 것이 그의 불거진 핏줄을 따라 온몸에 퍼져있던 증오였음을 나는 안다. 그렇지 않고서는 그가 그런 넉넉한 가슴을 가질 수는 없는 일이다. 이렇게 맺힌 것을 풀어내는 한바탕 '굿'이 끝나면, 활활 풀린 몸과 마음으로 엄습해오는 것이 무엇일까. 아마도 외로움 같은 것이 아닐까.

빈 그릇 얼룩도 지우지 못난 내가,
목에 걸린 울음가시를 꺼내들고 고양이를 부른다.

–「고양이를 만난 골목」 부분

목에 걸린 울음가시를 꺼내들고 불러도, 고양이는 돌아오지 않는다. 그의 곁을 떠난 그의 아내가 더욱 그리운 밤이, 하루에도 여러 오고 갔을 것이다. 그에게 있어 그의 아내는 여자가 아니라 동지였음을 알고 있다. 자책과 외로움을 견디는 일이 가난을 견디는 일과 다를까. 그의 가난과 자책과 외로움이 깊을수록 그 깊은 중심에서는 시가 꽃망울을 터뜨리고 있었을 것이니, 시의 열매가 어찌 달지 않을까.

오늘 밤
문짝만큼 보이는 하늘에
문설주에 박힌 못자국 별들이
무수히 뜰 것이다

—「박명 시간」 부분

뭍사람을 바다로 불러들인 장사항
쓸리고 휩쓸린 무수한 이야기 같은 파도가
등대는 뭍을 비추지 않는다고 한다.

—「등대는 뭍을 비추지 않는다」 부분

난,
위태로운 삶을 날카롭게 넘어 집으로 와,
불러도 오지 않는 고양이보다 달고 맛있게 살았다고

—「고양이를 만난 골목」 부분

그럴 것이다. 모든 고통과 상처가 마침내 별이 되는 순간을 깨닫게 될 것이며, '등대는 결코 뭍을 비추지 않는다.'는 그 깨달음의 끝에서 그의 삶이 시의 열매보다 훨씬 더 달고 맛있는 것이었다는 진술은 눈물겹다. 삶은 결코 그 자체가 함몰이 아니라 극복이라는 인식이 그의 저력이 되었을 것이다.

4

생뚱맞게 물어본다. 그리하여, 사람 사는 세상이 돌아왔는가? 내가 어느 날 시골 냄새를 풍기며 그를 찾아 오래된 고향 같은 안산 땅을 찾아 갔을 때, 그는 시의원이 되어 있었고, 그 신분과는 어울리지 않게 더 낮은 곳에 삶의 행장을 꾸려놓고 있었다. 사람 사는 세상이 돌아왔는가? 내 물음에는 대답도 하지 않고, 또 어디를 가려는가. 밤낮없이 무엇을 하고 어디를 가고 누구를 만나는, 그를 말없이 지켜보는 것 말고 내가 더 다그칠 무엇은 없었다.

사내가 숯불 앞에 쭈그리고 앉아 초벌구이한 양꼬치를
설 담은 양배추김치, 향신료와 함께 차려내며
어떤 술을 마실 것인가를 묻는다

나는
화덕에 구운 인도식 밀 빵과 카레 향에 이미 취했으며
구이용 양고기 꼬치를 꿰는 아낙의 없어진 손가락에 낀
뭉툭한 반지를 보고 정신을 잃을 지경이라고 했다

사내는
토문강 식탁 위 양고기를 익숙하게 잘라내다가

달러를 세며 소주잔을 기울이다 떠난 이들이 생각날 때마다
문신 한 뜸씩 옆구리나 어깨살에 새겨왔다고 한다.

나는
지하다방으로 중국음식과 술이 배달되고 나서 흘러나오는
헤픈 웃음소리를 들었고 어둑한 전신주 아래 서성이던 여인의
깊은 눈망울에 든 가시철망을 본 적이 있다고 했다

사내는
토문강 천막 위로 내리는 어설픈 비 소리로 말하길
시커멓게 탄 양고기 연기 때문에 눈이 맵다고 한다
국경 없는 마을 원곡동에 친 철조망이 날카롭다고 한다.

—「국경 없는 마을」 전문

또 다시 말하지만, 그의 체구는 우람하다. 그 우람한 걸음걸이가 부정한 것들을 향하여 노도와 같다. 의롭지 못한 것들을 향하는 그의 음성은 추상과 같다. 그러므로 그는 감추어지지 않고 은폐되지 않는다. 그러므로 그는 날로 드러난 표적이 되기도 한다. 그가 어떤 두려움에 허리를 굽히는 것을 보았다면, 삶에 쉽게 타협하고 노닥거리는 것을 보았다면 나는 끝내 그의 우람함에 대하여 침묵했을 것이다. 안산, 이국의 청년들이 저마다 자신의 국가를 이루고 사는 원곡동 어디쯤에서도, 매운 산바람이 도둑고양이처럼 내려오는 월피동 어디쯤에서도, 시

화호 바다 썩는 냄새가 꾸역꾸역 파고드는 상록수 어디쯤에서도 그렇게 그 우람한 체구는 쉽게 감추어지지 않는다. 그런 점이 그의 우람함에 신뢰를 보내는 이유이기도 하다.

김정광 씨를 똑바로 쳐다보지 못했다

그가
개눈을 박고
바윗돌 주먹을 불끈 쥐어서가 아니다

그는
고희를 바라보는 나이,
현장 경험이 많아서도 아니다

사람은
이렇게 다시 만날 수 있어야 해 하며
내 손을 잡을 때

개눈 같은 정
단단한 옹이가
물집같이 터졌기 때문이다.

—「잡부의 재회」 전문

그가 만나려는 대상은 물컹하게 터져서 그 속을 모조리 쏟아

낸다. 이것이 바로 그가 사람을 만나는 방식이며, 시를 만나는 방식인 것이다. 사람의 눈으로 사람을 바라보며 사람의 손으로 사람을 어루만지는 방식이 곧 그의 삶이며, 그의 시다. 이 시집과 그의 '사람다움'이 사람 사는 세상에서 무엇보다 더 높은 가치였음을 많은 사람들이 알게 될 것이다. 부르지 않아도 사람들은 그가 만들어내는 우람한 사람의 그늘로 모여들 것이다. 그 빛 좋은 한 뼘 양지에서는 시와 삶이 제각각의 빛깔로 당도를 높여갈 것이다. 보잘 것 없으나 모두가 나누어 가지고 도란도란 꿈을 이야기하는 그곳, 사람 사는 세상을 그가 만들어 갈 것을 믿는다.

소망처럼, 그의 이름을 조용하게 불러본다. 송진호!

문학의전당 · 신작시집
등대는 뭍을 비추지 않는다

초판인쇄 2010년 1월 30일
초판발행 2010년 2월 10일

지 은 이 송진호
펴 낸 이 김충규
펴 낸 곳 문학의전당
출판등록 제387-2003-00048호(2003년 9월 8일)

주 소 121-718 서울특별시 마포구 공덕2동 404번지 풍림VIP빌딩 202호
전화번호 02-852-1977
팩시밀리 02-852-1978
블 로 그 http://blog.naver.com/mhjd2003
전자우편 mhjd2003@naver.com

I S B N 978-89-93481-48-8 03810